JADIS

ET

A PRÉSENT.

POITIERS

TYPOGRAPHIE DE HENRI OUDIN

RUE DE L'ÉPERON, 4.

1867

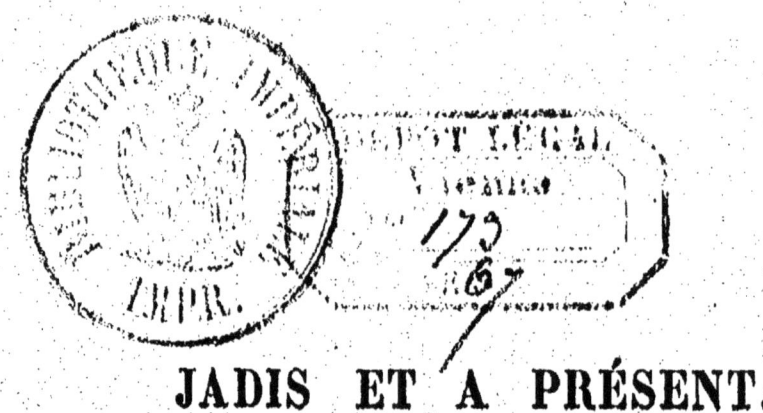

JADIS ET A PRÉSENT.

JADIS

ET

A PRÉSENT.

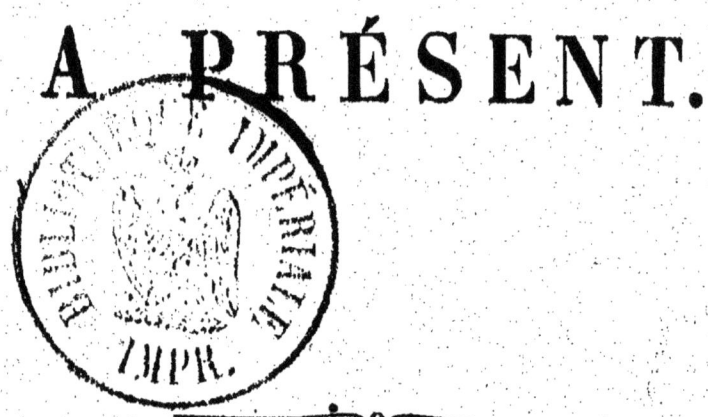

POITIERS
TYPOGRAPHIE DE HENRI OUDIN
RUE DE L'ÉPERON, 4.
1867

JADIS ET A PRÉSENT.

Nous étions dernièrement à Paris, au sein d'une famille poitevine, naguère encore florissante, éprouvée maintenant par de cruels revers de fortune, mais conservant dans l'adversité les principes religieux qui élèvent l'âme et qui la consolent, en lui donnant des espérances meilleures que celles de la terre. Des biens de ce monde, cette famille ne possède plus guère que deux choses : son vieil honneur chevaleresque et son livre généalogique. Nous avons feuilleté ce livre, illustré par les plus grands noms de la vieille France, et nous y avons trouvé la pièce suivante, qui nous a paru intéressante à divers points de vue. C'est un testament portant la date de 1335, conservé dans son intégrité, et dont le style seulement a été rajeuni.

« Testament de très-noble et très-puissant homme
« Baudouin de Vigier de Mirabal, chevalier, baron
« de Vigier, seigneur de Ronfort et autres châteaux
« et castels.

« Sachent tous que j'ai écrit mon testament de ma
« propre main, et que j'en ai donné un exemplaire à
« chacun de mes enfants, afin que, par une certaine
« émulation, ils servent mieux le roi et la religion.
« On m'a imprimé le sceau de la Sainte Trinité, et je
« veux mourir dans l'Église catholique, comme je l'ai
« promis et le promirent mes aïeux, qui, depuis le
« baptême du grand Clovis, suivirent et protégèrent
« la religion, non-seulement en défendant les Gaules
« sous Charles-Martel, mais en triomphant de l'Asie
« et de l'Afrique sous nos rois qui, ayant passé la
« mer, abattirent les Sarrazins par de grandes et
« innombrables victoires.

« Je donne à Roger, mon fils aîné, la baronnie de
« Vigier en entier, et, de plus, tous les biens que je
« possède sur les confins de la Belgique. — A Robert,
« mon second fils, je donne le château de Ronfort,
« en entier, avec tous les biens que j'ai à la gauche de la
« Loire, et à Charles, mon troisième fils, le château de
« Saint-Martin, avec les biens qui sont à la droite de la
« Loire. Mais si Roger ne suivait pas notre roi Philippe
« de Valois au royaume de Jérusalem, pour quelque
« raison que ce soit, de maladie ou de mort, je
« donne la baronnie à Robert, à la même condition,
« et je lui substitue pareillement Charles, voulant
« que les barons de Vigier se dévouent à la Croix et
« aux lys dans la suite comme auparavant.

« Allez donc, chers fils, à travers les mers, les
« traits et les ennemis; suivez votre magnanime gé-

« néral, et n'ayez point honte de verser le sang
« humain; car vous portez une guerre sacrée. Mais
« je n'ai pas employé l'expression qui convient : non,
« vous ne portez pas, vous repoussez la guerre.
« Originaires d'Asie, les Sarrazins, après avoir sou-
« mis l'Afrique et l'Espagne, semant le ravage dans
« la France avec des armées de barbares féroces, par-
« vinrent jusqu'à ce fleuve (la Loire), et quoi-
« que entièrement écrasés près de Tours et en
« d'autres endroits, battus par terre et par mer,
« ils occupent encore les Espagnes, d'où, après avoir
« levé de nouvelles armées, ils reviendront de nou-
« veau nous attaquer à l'improviste. Car il est notoire
« à tous que les Sarrazins, par un orgueil affreux,
« se destinent à l'empire de l'univers. Il ne s'agit
« donc pas de savoir si vous aurez la paix ou la guerre,
« mais si vous aimez mieux porter ce fléau chez vos
« ennemis que de l'admettre chez vous, où vos pères
« furent réduits à combattre pour leurs autels et pour
« leurs foyers.

« Vous devez, mes chers fils, être encore poussés
« par un motif particulier d'émulation, vu que dans
« nos Armes il nous a été accordé des lys comme sym-
« bole de fidélité, avec cette inscription : *Nusquam*
« *liliis defuit*. Et assurément vous manqueriez aux
« lys, si vous ne suiviez pas notre roi à la guerre
« d'outre-mer. Mon frère, Robert de Vigier, cheva-
« lier de l'Ordre de Saint-Jean de Jérusalem, vous y
« conduira; je vous y conduirais moi-même, mes

« chers fils ; mais vous savez que je suis hors d'état de
« servir, depuis que je fus percé de traits à Cassel, lors-
« que j'arrachai mon père environné par l'armée des
« Belges, et blessé à mort.

« Je veux que mon corps soit porté dans l'église de
« Vigier, près du corps de mon père Herbert de Vi-
« gier, en son vivant chevalier, baron de Vigier, où
« tous mes aïeux paternels, chevaliers et barons de
« Vigier, depuis l'abjuration des idoles, ont été inhu-
« més, excepté Guyon, quartaïeul depuis mon père,
« qui mourut en Asie, consumé par la fièvre pendant
« le siége de Damas, sous Louis-le-Jeune. Je veux
« être enterré avec le luminaire, les cérémonies et
« prières accoutumées, tant avant qu'après la sépul-
« ture.

« Et je munis le présent testament de mon seing.

« Au château de Saint-Martin,

« Le 1er juin de l'an 1335.

« BAUDOUIN. »

Deux choses nous paraissent surtout dignes de re-
marque dans ce testament : d'abord l'idée politique si
nettement exprimée à propos des expéditions d'outre-
mer. On sait que les historiens révolutionnaires, et par
conséquent hostiles à la vieille France catholique, n'ont
vu dans les croisades que le résultat du fanatisme religieux, et dans les chevaliers que des pourfendeurs

grossiers et ignorants, coureurs de prouesses et d'aventures guerrières. — La pièce que nous venons de citer prouve le contraire. Indépendamment des motifs religieux qu'elle formule avant tant de noblesse, elle présente des idées politiques de l'ordre le plus élevé : c'est la France, c'est la chrétienté tout entière qu'il s'agit de sauver de la barbarie, en attaquant chez lui un ennemi aussi ambitieux que redoutable. Les principales considérations invoquées par les historiens catholiques, pour venger l'honneur des croisades, sont indiquées d'une manière très-explicite dans le testament du vieux chevalier du XIVe siècle.

La seconde chose qui nous a frappé dans ce document, c'est le dévouement à la cause de Dieu et de l'Église, dévouement manifesté énergiquement par le tribut volontaire du sang. Le chevalier Baudouin compte des croisés parmi ses ancêtres : il veut que cette tradition se perpétue dans sa famille, que *les barons de Vigier se dévouent à la Croix dans la suite comme auparavant*; c'est pourquoi il impose solidairement à ses fils l'obligation de s'enrôler dans la guerre sainte. — Le projet de croisade de Philippe de Valois n'ayant point eu de suite, la dernière volonté de Baudouin de Vigier ne fut point exécutée alors; mais elle l'a été, de nos jours, par l'un de ses descendants, après un laps de 500 ans. — Nous parlons d'événements contemporains : oui, nous avons sous les yeux une véritable croisade ; seulement, l'ennemi et le théâtre de la guerre ont changé. Ce n'est plus l'islamisme qu'il s'agit de combattre, mais la révolution ; ce n'est plus Jérusalem qui est l'objectif de la lutte, mais Rome.

Cette croisade, la plus sainte de toutes, a commencé en 1860. A cette époque, fut réalisé le vœu magnanime exprimé dans le testament ci-dessus : le baron Victor de Vigier de Mirabal, à peine âgé de 16 ans, s'engagea au service du Saint-Père, et, depuis sept ans, son dévouement ne s'est pas démenti. Soldat de Castelfidardo et de Bagnorea, où il vient de recevoir une glorieuse blessure, il a vaillamment fait son devoir. Le jeune croisé du XIX° siècle va prendre lui-même la parole, dans deux lettres destinées aux intimes communications de la famille et de l'amitié. On y verra fidèlement suivie la tradition des ancêtres, et la réalisation de cette maxime : *Noblesse oblige.* Nous croyons inutile de dire que ce même hommage doit être rendu à la plupart de ses compagnons d'armes.

CASTELFIDARDO.

« Le 19 août 1860, je me séparai de ma famille pour aller m'enrôler dans l'armée pontificale commandée par le général de Lamoricière. Je partis de Paris pour me rendre à Marseille, où j'arrivai le 20, à 6 heures du soir, en compagnie de quelques jeunes gens, parmi lesquels se trouvaient MM. de Sapinaud, fils du général de Sapinaud qui s'est immortalisé dans les guerres de la Vendée, du Fougeray, de Touchebœuf, Ménard, Wiard, qui allaient également s'engager à Rome.

« Je m'embarquai le même jour, à 10 heures du soir, pour Civita-Vecchia. Sur le paquebot, je fis connaissance avec MM. le duc de Lorge et le marquis de Carrière. Le premier devait entrer dans les guides, le second dans le bataillon franco-belge, dont je devais moi-même faire partie. Je débarquai à Civita-Vecchia le 22 août, à 10 heures du matin. Nous fîmes la plus charmante et la plus heureuse traversée ; la Méditerranée, si houleuse d'habitude, surtout près des côtes, était calme et tranquille, et semblait favoriser notre voyage. Je partis de Civita-Vecchia le même jour, à 4 heures, pour me rendre à Rome, où j'arrivai par le chemin de fer, à 7 heures du soir. Je me rendis avec mes compagnons de voyage à l'hôtel de la Minerve, où nous restâmes deux jours à faire nos préparatifs. Les grands événements auxquels nous allions prendre part, cette fraternité croissant de jour en jour, et qui nous unissait tous dans une même pensée et un même désir, ces préparatifs guerriers, ces voyages rapides que nous faisions depuis notre départ de France, l'aspect de Rome, la bénédiction du Saint-Père, il y avait dans tout cela quelque chose de solennel.

« Nous signâmes tous notre engagement le 25, et nous fûmes immédiatement casernés; puis nous partîmes pour Terni, où nous devions être incorporés dans le bataillon franco-belge. Nous arrivâmes en vue du camp le 31 août, après trois jours de marche forcée, prélude agréable de ce que nous devions faire plus tard; mais nous étions si contents, si joyeux que nous n'y faisions pas attention. Nous fûmes reçus, en arrivant au camp, par le commandant de Becdelièvre, qui nous adressa quelques paroles de bienveillance et de félicitation; et nous fûmes aussitôt répartis dans les trois compagnies qui formaient alors le bataillon connu sous le nom de franco-belge (zouaves pontificaux).

« Après quelques semaines de campement, pendant lesquelles nous faisions l'exercice deux fois par jour, notre bataillon reçut l'ordre de lever le camp; nous nous dirigeâmes vers Ancône, pour faire notre jonction avec le général de Lamoricière. Nous arrivâmes à Lorette le 17 septembre, après des marches forcées, des privations de toute nature. Plusieurs furent obligés de rester en route, ne pouvant faire les 15 ou 18 lieues que nous faisions chaque jour. Nous campâmes aussitôt sur l'ordre de notre commandant.

Les guides, qui étaient à cheval et se trouvaient en avant, vinrent alors nous avertir que l'ennemi n'était campé qu'à quelques milles de nous. Notre commandant de Becdelièvre nous fit, sur le soir, une courte allocution, nous disant que, le lendemain, on en viendrait aux mains, que cela chaufferait dur. « Faites « comme moi, mes amis : réglez vos papiers, de ma- « nière à être en état de bien recevoir l'ennemi. »

« Le lendemain, en effet, nous levâmes le camp vers 8 heures du matin, et notre petite colonne se mit en marche dans l'ordre suivant : le régiment italien formait l'avant-garde, le bataillon franco-belge était au centre, les deux régiments autrichiens, avec les dragons et l'artillerie, formaient l'arrière-garde.

« Après deux ou trois heures de marche, les premiers coups de fusils se firent entendre : les Italiens, qui formaient l'avant-garde avec les carabiniers à pied, se déployèrent alors en tirailleurs et disparurent à nos regards. Notre commandant nous fit traverser la rivière : arrivés sur l'autre rive, nous nous divisâmes en pelotons, et nous répondîmes au feu de l'ennemi par des décharges bien nourries. L'ennemi occupait une éminence d'où il pouvait nous mitrailler à l'aise ; il était urgent de s'en emparer. Le brave général de Pimodan était à notre tête ; nous étions tous, officiers et soldats, prêts à mourir. Nous criâmes tous, dans un même élan de suprême volonté : « A la baïonnette!... » Et notre petit bataillon franco-belge, avec les carabiniers, se précipita en avant. La charge fut magnifique d'enthousiasme; les ennemis, surpris et déconcertés, lâchèrent pied, nous laissant quelques prisonniers, et nous restâmes maîtres de la position qu'ils occupaient. Mais quelle ne fut pas notre surprise de reconnaître des soldats piémontais, au lieu de Garibaldiens, que nous croyions combattre! Nous vîmes alors que nous étions trahis et perdus, car l'armée piémontaise, qui se déroulait à nos regards, était formidable; nous allions être écrasés sous le nombre inévitablement.

« Le général de Pimodan et notre commandant de Becdelièvre étaient restés à notre tête et nous avaient donné l'exemple. Le général de Pimodan nous complimenta sur notre premier succès et sur la charge que nous venions d'exécuter avec tant de vigueur. Comme il nous parlait encore, nous encourageant à nous conduire en braves et à ne pas abandonner la position que nous avions conquise, une balle vint le frapper à la joue gauche et lui fracassa la mâchoire; il continua néanmoins à nous parler, comme s'il n'eût pas été blessé, surmontant sa douleur avec une énergie extraordinaire. Nous nous déployâmes en tirailleurs, profitant de tous les accidents de terrain; tantôt couchés, tantôt à genoux, nous faisions feu dans toutes les positions. Quoique peu habitués, en général, à bien calculer les distances et à proportionner l'élévation de notre tir, cependant visant toujours sur les forces massées des Piémontais, nous leur faisions éprouver de grandes pertes, et notre feu était si bien nourri qu'ils n'osèrent pas avancer. Après une heure de combat, notre intrépide général, le marquis de Pimodan, qui était toujours resté à cheval, à notre tête et sous le feu ennemi, reçut une balle dans le flanc droit... Cette seconde blessure était mortelle; notre valeureux chef tomba à la renverse. Plusieurs de nos camarades des plus près se précipitèrent pour le relever, et pour l'emporter loin du combat. Malgré sa résistance, — car il ne voulait pas abandonner le champ de bataille, — on l'emporta dans une maison qui se trouvait isolée dans la plaine.

« Me trouvant sur le passage, je me rapprochai pour voir une dernière fois mon brave et infortuné général : il paraissait souffrir beaucoup, mais on voyait qu'il se faisait violence pour surmonter sa douleur et nous donner l'exemple. Une soif brûlante le dévorait et augmentait encore ses souffrances, et je crus entendre qu'il demandait à boire. Je courus aussitôt à la rivière, qui était proche; je remplis mon bidon, et je revins en hâte vers le pauvre blessé. Je le lui présentai ; il le pressa avec ses lèvres brûlantes, puis il but à longs traits. Un peu calmé par la fraîcheur de l'eau, il nous prit les mains en signe de reconnaissance, en disant : « Laissez-moi ! laissez-moi, mes amis, mourir sur le champ de bataille, et retournez à votre poste faire votre devoir... » Belles et sublimes paroles, qui nous firent tressaillir jusqu'au fond du cœur ! Nous ne nous rendîmes pas au désir de notre héroïque général ; ceux qui le portaient l'emportèrent dans la petite maison ; et je retournai à mon poste, plus que jamais déterminé à mourir et à vendre chèrement ma vie. Mais notre pauvre bataillon était bien décimé... Le brave capitaine de Charette et plusieurs autres firent des prodiges de valeur ; mais tant de dévouement et de faits héroïques devaient être inutiles. Nous avions presque épuisé toutes nos cartouches. Comment résister aux forces de l'ennemi, qui grossissait toujours ? Nous allions tous périr... Il y avait bien des heures que nous défendions la position contre plus de 6,000 Piémontais, déployés en bataille ; n'étant pas soutenus, exposés également aux balles de nos Italiens, qui avaient perdu la tête et tiraient au hasard, notre mort était imminente.

« Mais Notre-Dame-de-Lorette veillait sur nous ; assez de sang avait été répandu. Dieu avait agréé le sacrifice, de nobles victimes avaient été frappées, et l'héroïsme et le dévouement s'étaient donné la main pour immortaliser cette journée du 18 septembre, qui vivra autant que le monde. Nous restions 90 debout ! Il faut que la sainte Vierge nous ait couverts de son égide!... Elle a voulu nous conserver, pour que nous pussions redire à la France catholique le triomphe de ses enfants, morts martyrs de leur foi et de leur dévouement.

« Le général de Lamoricière, qui avait tout vu, accourut alors, au galop de son cheval, suivi de son aide-de-camp, M. de Lorgeril, et de deux guides. Il prononça quelques mots que je ne pus entendre ; puis il précipita sa course furieuse vers Ancône, où il put pénétrer, quoique poursuivi par un détachement de lanciers, que les Piémontais avaient lâché contre lui pour le prendre. Notre illustre général ne dut son salut qu'à son énergie et à la vitesse de son cheval. Comme toujours, il n'avait pas redouté d'exposer sa vie, en venant se placer au front de notre bataillon, sous les balles et la mitraille piémontaises.

« Le général de Lamoricière avait ordonné la retraite. Nous nous repliâmes alors sur Lorette. Les Allemands vinrent se placer à notre gauche et nous protégèrent. Arrivés à Lorette, nous voulûmes résister encore... Mais réduits à un si petit nombre, que faire contre une armée qui s'avançait contre nous ?... Nous fûmes obligés de nous rendre ; nos chefs nous y encouragèrent, et nos capitulâmes. On rendit hommage à notre courage en n'exigant de nous aucune condition et en nous rendant les honneurs militaires. Nous allâmes déposer nos armes à Ricanati, petit village situé à une lieue de Lorette. Nous restâmes prisonniers pendant 8 jours. Nous partîmes ensuite sous escorte d'un bataillon du 10e de ligne. Nous traversâmes Macérata, Pérouse, Foligno, Spolète. Après 9 jours de marche, le chemin de fer nous conduisit jusqu'à Livourne, où nous nous embarquâmes pour Gênes, où nous arrivâmes après 12 heures de traversée. L'ambassadeur français no fit venir à Turin, où il nous donna des feuilles de ro te pour la France. »

BAGNOREA.

Rendu à la liberté, M. Victor de Mirabal vint passer un mois à Paris, au sein de sa famille. Puis il s'empressa de retourner à Rome, pour la réorganisation des zouaves pontificaux. Depuis lors, il n'a pas revu la France. Fidèle à son poste, uni de cœur à ses compagnons d'armes, il a monté avec eux, autour du trône pontifical, cette garde d'honneur qui dure depuis sept ans. Elevé naguère au grade de lieutenant, pour ses bons et loyaux services, M. de Mirabal a eu la gloire de verser le premier son sang pour la cause du Saint-Père, dans la magnifique campagne qui vient de s'ouvrir, et qui sera l'une des admirations de la postérité. Il va prendre lui-même la parole pour raconter ce nouvel exploit, avec une modestie et une convenance de ton qui ne lui font pas moins d'honneur que son courage. Voici la lettre qu'il écrivait, le 9 du courant, à son père, M. le comte de Vigier de Mirabal :

Viterbe, le 9 octobre 1867.

« Cher Père,

« Le 5 octobre, nous avons livré bataille aux Garibaldiens, qui occupaient la ville de Bagnorea, au nombre de plus de cinq cents. La première balle a été pour moi ; mais la Providence me protégeait ; j'ai eu l'avant-bras gauche traversé juste entre les deux os. Vous voyez, mon cher père, que ma blessure est tout à fait sans gravité. Avec l'aide de Dieu, j'ai pu continuer à me battre encore deux heures et demie, après avoir bandé mon bras avec mon mouchoir, et accomplir jusqu'à la fin mon devoir de soldat [1].

« Nous avons pris toutes les positions occupées par les Garibaldiens, et après les avoir mis en fuite, nous sommes entrés dans la ville au milieu des acclamations des habitants, enivrés de bonheur d'être

---

[1]. Ce même sang, qui vient de couler pour la croix à Bagnorea, avait coulé pour les lys à la journée du 10 août 1792. Le grand-père de M. Victor de Mirabal, surnommé le *beau comte*, était l'un des gentilshommes de la cour de Louis XVI, et il fut massacré dans les Tuileries par les révolutionnaires, pendant qu'il leur tenait tête pour protéger la fuite du roi. Quelque temps avant l'émeute, Louis XVI avait lui-même désarmé ses gentilshommes, espérant apaiser par là les fureurs populaires. Il n'en fut rien, et bientôt la multitude se précipita dans le palais, massacrant et brisant tout sur son passage. Doué d'une force prodigieuse, le comte de Mirabal appuya son épaule contre une porte qui communiquait aux appartements royaux, et il soutint pendant quelque temps l'effort des émeutiers. Bientôt la porte fut brisée, et le comte désarmé se trouva en face de la féroce populace. Un historien le compare au lutteur antique combattant à force de poings, tête et poitrine découvertes. Il tomba écrasé sous le nombre, et sa tête fut promenée, au bout d'une pique, dans les rues de Paris.

délivrés de cette canaille, qui a commis dans la ville toutes sortes d'horreurs.

« Le ciel était avec nous, car nous n'avons eu parmi les zouaves que trois blessés, dont un est mort; la ligne a eu deux blessés : en tout quatre blessés et un mort. C'est miraculeux, car la résistance a été plus vive qu'on n'aurait pu l'attendre de bandits indisciplinés. Notre étonnement a cessé quand nous avons vu, parmi les prisonniers que nous avons pris, au nombre de 140 à peu près, une quantité de *déserteurs* piémontais. Leurs pertes ont été considérables, tant morts que blessés : au moins 80 connus, et on en apporte continuellement qui ont été trouvés dans la campagne. Bref, nous avons donné une leçon dont ceux qui y assistaient se souviendront.

« Le pays est parfaitement tranquille du côté de Viterbe, et des colonnes ont été envoyées pour surveiller activement la frontière. — Règle générale, cher père, ne faites aucune attention aux fables des journaux de la révolution.

« Tout le monde me témoigne ici la plus vive sympathie. J'ai reçu plusieurs fois la visite du général et celle des autorités de la ville. Je ne me trouve réellement pas à plaindre. Du reste, en admettant qu'il fût arrivé pis, quelle consolation n'auriez-vous pas eue, au milieu de votre douleur, d'apprendre que j'avais rempli bravement mon devoir ! Que l'on se bat bien, quand on se bat pour une cause sainte ! C'est ce qui fait notre force.

« Un jour après ma blessure, je suis revenu à Viterbe, où je savais devoir être admirablement soigné. Je suis au milieu d'une famille de braves gens, qui m'aiment comme leur enfant, et qui ont pour moi tous les soins imaginables. Je n'ai donc absolument besoin de rien, si ce n'est d'une bonne lettre de vous, cher père.

« Je vous écris de mon lit ; le docteur me dit que dans un mois, peut-être avant, il n'y paraîtra plus, et que même mon bras aura, avec le temps, la même force qu'avant. Remercions donc le Seigneur, et espérons que nous nous reverrons bientôt. »

Il y a des choses que l'auteur de cette lettre passe sous silence, mais qui ont été publiées par ses compagnons d'armes. Les voici : à la première attaque, qui eut lieu sur les hauteurs de Bagnorea, les zouaves s'élancèrent en criant : « Vive Pie IX ! En avant les « zouaves ! A la baïonnette ! » Culbutés par ce choc terrible, les Garibaldiens prennent la fuite et vont se renfermer dans un couvent, d'où ils font feu par toutes les fenêtres et du haut d'un clocher. Les zouaves se précipitent, et le lieutenant de Mirabal, remarquable entre tous par sa taille herculéenne, couvert de son sang et armé d'une hache, à la manière des vieux chevaliers, frappe la porte à coups redoublés, la fait voler en éclats, et alors les Garibaldiens épouvantés jettent leurs armes, en criant : « Laissez-nous la vie ; « nous nous rendons ! »

Voilà ce que le jeune soldat de Pie IX avait oublié dans sa lettre : il nous pardonnera d'avoir réparé cette omission.

On peut relire maintenant le testament *de très-puissant homme de Vigier de Mirabal*, et l'on sera convaincu que *à présent* n'a pas dégénéré de *jadis*.

Puissent ces dévouements à la sainte cause de l'Église, ceux d'autrefois et ceux d'aujourd'hui, consoler dans ses malheurs une noble et respectable famille ! Puisse la Providence, par des retours favorables, lui ménager des jours heureux même ici-bas, en attendant les récompenses qui ne finiront jamais !

POITIERS. — TYPOGRAPHIE DE HENRI OUDIN.

www.ingramcontent.com/pod-product-compliance
Lightning Source LLC
Chambersburg PA
CBHW060626050426
42451CB00012B/2454